Carlos and the Squash Plant

Carlos y la planta de calabaza

Story by
Cuento por
Jan Romero Stevens

Illustrated by
Ilustrado por
Jeanne Arnold

Luna Rising
A bilingual imprint of Rising Moon

Carlos lived in the fertile Española Valley nestled in the mountains of northern New Mexico.

His mother and father were farmers and tended a large garden plot next to their thick-walled adobe home. They grew large, green watermelons; sweet corn; juicy red tomatoes; and small green chiles so hot they burned the roof of Carlos's mouth. But his favorite vegetable was squash, because his mother used it for making *calabacitas* (call-ah-bah-SEE-tahs)—a spicy dish that combines the flavors of corn, squash, cheese, and green chiles.

Carlos vivía en el valle fértil de Española, que queda abrigado en las montañas del norte de Nuevo México.

Sus padres eran granjeros y usaban una parcela de tierra grande como jardín. Su casa, que quedaba junto al jardín, estaba hecha de adobe con paredes muy gruesas. En el jardín ellos cultivaban sandías redondas y verdes; maíz dulce; tomates jugosos y rojos; y chile verde pequeño, tan picoso que a Carlos le quemaba el paladar. Pero la verdura favorita de Carlos era la calabaza porque su madre la usaba para hacer un guisado de calabacitas, un platillo picante que combinaba los sabores del maíz, la calabacita, el queso y el chile verde.

Carlos spent most of his days helping in the garden right alongside his brother and father. Together they planted the seeds, weeded between the long even rows, and gathered the vegetables when they were ripe.

Carlos worked so hard that the rich brown earth ended up everywhere—under his fingernails, between his toes, and inside his ears. But he hated taking baths, and he especially hated washing his ears.

His mother would warn him, *"Si no te limpias las orejas, te va a brotar una calabacita!"* ("If you don't wash your ears, a squash plant will grow in them!")

Carlos se pasaba los días con su papá y su hermano ayudándoles en el jardín. Juntos, ellos sembraban las semillas, arrancaban las hierbas malas que crecían entre las hileras largas y parejas de verduras, y recogían las verduras cuando estaban listas para cosechar.

Carlos trabajaba tanto que siempre estaba cubierto de tierra. Tenía tierra debajo de las uñas, entre los dedos de los pies, y en los oídos. Pero él odiaba bañarse y odiaba, más que todo, lavarse las orejas.

Su madre le advertía constantemente, —¡Si no te limpias las orejas te va a brotar una calabacita!

But of course, Carlos didn't believe her.

One day, he had been in the garden all day and was especially dirty. When he came in the house, his mother told him he had to have a bath before dinner.

"Oh, Mamá, do I have to?" asked Carlos. But his mother just pointed toward the bathroom door.

Carlos went into the bathroom and shut the door, but instead of taking a bath, he just wiped off his face with a washcloth. Then he put on his pajamas, went to the kitchen, and sat down at the dinner table with his brother, mother, and father.

"Did you take your bath?" his mother asked, looking at Carlos with a raised eyebrow.

"*Sí*, Mamá, I did," he said.

Papá only shook his head.

After dinner, Carlos went to bed early.

Pero, claro, Carlos no le creía.

Un día, Carlos había estado en el jardín todo el día y estaba muy sucio. Cuando entró a la casa, su mamá le dijo que tenía que bañarse antes de cenar.

—¡Ay, Mamá! ¿Por qué tengo que bañarme? —se lamentó Carlos. Pero su madre sólo le señaló la puerta del baño.

Carlos entró al baño, cerró la puerta, y en vez de bañarse, solamente se limpió la cara con una toallita. Luego se puso el pijama, fue a la cocina, y se sentó a la mesa con su hermano, su mamá y su papá.

—¿Te bañaste? —le preguntó su mamá, mirándolo con una ceja arqueada.

—Sí Mamá. —le contestó.

Su papá nada más movió la cabeza de un lado a otro.

Después de la cena, Carlos se fue a acostar.

When the bright summer sun shone in his bedroom window in the morning, he woke up quickly. He had an itchy sort of feeling in his ear, and when he started to scratch it, he felt something strange.

Carlos ran to the mirror. A tiny, light green stem with two pear-shaped leaves was growing in his right ear. Just as he was wondering what to do, his mother called him for breakfast. He could smell the aroma of *chorizo* (spicy hot sausage) and eggs frying.

Cuando los rayos del sol entraron por la ventana de su cuarto, Carlos se despertó. Tenía una sensación rara en el oído, y cuando empezó a rascárselo, sintió algo extraño.

Carlos corrió al espejo. Una raíz, verdosa, con dos hojitas en forma de peras le estaban creciendo del oído derecho. Justamente, cuando estaba pensando en lo que iba a hacer, su madre lo llamó a desayunar. El olor del chorizo con huevos que su mamá estaba friendo le llegó a donde estaba.

"Just a minute, Mamá," said Carlos, and he ran to his closet, where he found a wide-brimmed hat. He pulled it down over both ears and walked into the kitchen.

"Good morning, son," said his mother. "Sit down and have your breakfast. But why are you wearing that hat?"

"It's such a sunny day today, and I don't want the sun to get in my eyes," answered Carlos, and he ate his breakfast so fast he was outside before his mother could get a second look.

Carlos worked outside all morning and ate his lunch sitting on a branch of a huge cottonwood tree, while a thin stream of water ran beneath him.

—Un minuto Mamá. —le respondió Carlos, y corrió a su a ropero, donde encontró un sombrero de ala ancha. Se lo puso, jalándoselo hacia abajo para que le cubriera las orejas, y caminó a la cocina.

—Buenos días, hijo. —le dijo su madre. —Siéntate a desayunar. Pero, ¿por qué tienes puesto ese sombrero?

—Hace tanto sol, y no quiero que el sol me dé en los ojos. —respondió Carlos. Se desayunó tan rápidamente, que antes de que su mamá pudiera darle otro vistazo, ya se había ido.

Carlos trabajó afuera toda la mañana, y comió sentado en la rama de un álamo enorme, mientras el agua de un riachuelo corría debajo de él.

At nightfall he came inside, and when his mother saw him, she told him to take a bath before dinner.

"Oh, Mamá, do I have to?" he asked. But Mamá just pointed toward the bathroom door.

Carlos went into the bathroom, but again, instead of taking a bath, he only wiped his face off with a wet washcloth. Then he sat down at the table.

"Carlos, did you take your bath?" asked his mother, as she served dinner.

"*Sí*, Mamá, I did," said Carlos, and he quickly ate his dinner and then went upstairs to bed. He was so tired that he fell asleep immediately.

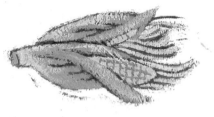

Al anochecer, entró en la casa, y cuando su madre lo vio, le dijo que se bañara antes de cenar.

—¡Oh, Mamá! ¿Tengo que bañarme? —le preguntó. Pero su madre sólo le señaló la puerta del baño.

Carlos entró al cuarto de baño, pero una vez más, en lugar de bañarse, simplemente se limpió la cara con una toallita mojada. En seguida se fue a sentar a la mesa.

—Carlos, ¿te bañaste? —le preguntó su madre, mientras servía la cena.

—Por supuesto, Mamá. —le dijo Carlos. Cenó rápidamente y entonces subió a su cuarto para acostarse. Estaba tan cansado que se durmió inmediatamente.

The next morning when the sun felt warm on his face, his right ear was itching more than ever. He jumped out of bed and looked in the mirror. The green plant that had been merely a tiny shoot the day before had grown to about four inches in length. Three more leaves had joined the first two.

La siguiente mañana, cuando sintió el calorcito del sol en la cara, el oído derecho le empezó a dar más comezón que antes. Saltó de la cama y se vio en el espejo. La planta verde, que ayer había sido sólo un brote pequeño, había crecido unas cuatro pulgadas. Tres hojas más acompañaban a las primeras dos.

"*Ay, caramba!*" thought Carlos, but just then he heard his mother calling him and he smelled the aroma of fresh, warm cornmeal cakes cooking on the stove.

Carlos ran across the hall to his brother's room and found a big hat on the highest closet shelf. He pulled it down over both ears and walked into the kitchen.

"Good morning, son. Sit down for breakfast," his mother said. "But why are you wearing that big hat?"

"Oh, the sun is so hot, I don't want it to get in my eyes," Carlos said. And he ate only a few bites of his breakfast and hurried outside.

—¡Ay, caramba! —pensó Carlos, pero entonces oyó a su mamá que lo estaba llamando, y olió los pasteles frescos de harina de maíz cocinándose en el horno.

Carlos corrió, cruzando el pasillo, al cuarto de su hermano y encontró un sombrero grande en la repisa más alta del ropero. Se lo puso, jalándoselo hacia abajo para cubrirse las orejas, y entró a la cocina.

—Buenos días, hijo. Siéntate a desayunar. —le dijo su mamá. —Pero, ¿por qué llevas puesto ese sombrero tan grande?

—Hace tanto calor, y no quiero que el sol me dé en los ojos. —dijo Carlos. Desayunó un poco y se apresuró a salir.

That evening Carlos came in from the garden dirtier than ever, and once again, his mother told him to take a bath before dinner. But Carlos only wiped off his face and returned to the kitchen, the big hat still on his head.

"Carlos, did you take your bath?" asked his mother.

"*Sí*, Mamá," answered Carlos, pulling the large hat farther down over his ears. After dinner, he went straight to bed.

Esa tarde, Carlos entró a la casa más sucio que nunca, y otra vez más su madre le dijo que se bañara antes de cenar. Pero Carlos sólo se limpió la cara, y regresó a la cocina con el enorme sombrero todavía sobre la cabeza.

—Carlos, ¿te bañaste? —le preguntó su madre.

—Sí, Mamá. —respondió Carlos, bajándose más el enorme sombrero, para cubrirse las orejas. Después de la cena se fue derechito a la cama.

Carlos woke up late the next morning, and his head felt heavy on one side. He didn't need to look in the mirror to know what had happened. A long green vine with yellow blossoms hung down the side of his pillow and trailed onto the floor. Carlos tried pulling it out. He tried breaking it off. He tried stomping on it with his foot, but nothing would rid him of the squash plant, which was now several feet long.

"*Ay, caramba!*" he thought to himself, and just then he heard his mother calling him for breakfast. He ran into his parents' bedroom, where he found an even larger hat in his father's closet.

Carlos se despertó un poco tarde la siguiente mañana y sintió que la cabeza le pesaba más de un lado. No necesitó verse en el espejo para saber lo que había pasado. Una parra larga y verde, con flores amarillas, colgaba al lado de su almohada hasta el piso. Carlos trató de quitársela del oído. Trató de cortarla. Trató de pisotearla, pero nada lo libraba de la planta de calabacita, que ahora medía varios pies.

—¡Ay, caramba! —pensó, y en ese momento oyó a su mamá que lo llamaba a desayunar. Corrió a la recámara de sus padres donde encontró un sombrero, aún más grande, en el ropero de su papá.

Coiling the squash vine on top of his head, he pulled the hat down over both ears, then walked into the kitchen.

"Good morning, son. Have some warm tortillas and honey," said his mother. "But why are you wearing Papá's hat?"

"It's very sunny and bright outside. I want to keep the sun out of my eyes," Carlos said.

"But the sun isn't shining today. It is windy and cloudy," said his mother.

Carlos didn't answer, but rolled up a tortilla and took it outside with him to eat.

Enroscándose la parra de calabacita sobre la cabeza, se cubrió las orejas con el sombrero, y entró a la cocina.

—Buenos días, hijo. Ten estas tortillas calientitas con miel. —le dijo su madre. —Pero, ¿por qué llevas puesto el sombrero de tu padre?

—Hace mucho calor afuera y el sol está muy brillante. No quiero que se me meta el sol en los ojos. —le dijo Carlos.

—Pero, el sol no está brillando hoy. Hace mucho viento y está nublado. —le dijo su mamá.

Carlos no respondió, pero enrolló una tortilla y se la llevó afuera a comer.

Sure enough, the weather was breezy and cool. Tumbleweeds blew down the road, and Carlos had to hold onto his hat with one hand while he weeded the garden with the other. Just as it was getting dark, Carlos let go of the hat for just a moment, and a gust of wind carried it down the road.

En verdad hacía frío y el viento soplaba. Las hierbas chamiza voladora rodaban por el camino y Carlos tuvo que detenerse el sombrero con una mano, mientras deshierbaba con la otra. Precisamente cuando empezó a oscurecer, Carlos dejó caer la mano que detenía el sombrero por sólo un instante, y un ventarrón se llevó el sombrero a rodar por el camino.

At the same time, Carlos heard his mother calling him inside. Carlos covered his head with his arms, and before Mamá could even ask him to take a bath, he had filled up the tub with water.

Desperately he began scrubbing his left ear. At the same time, he felt a tingly, itchy sensation in the other ear, and amazingly, the squash plant began to shrink. The more he scrubbed, the smaller it became, until finally, the vine had completely disappeared.

Carlos dried himself off, put on his pajamas, and walked out to the kitchen, where he sat down for dinner.

Al mismo tiempo, Carlos oyó en su mamá que le decía que se metiera a la casa. Carlos se cubrió las orejas con las manos, y antes de que su madre pudiera decirle que se bañara, él ya había llenado la tina con agua.

Desesperadamente, Carlos empezó a restregarse la oreja izquierda. A la misma vez, sintió que le picaba y le daba comezón la otra oreja, y milagrosamente, la planta de calabacita empezó a encoger. Entre más se restregaba la oreja, más pequeña se volvía la planta, hasta que por fin, la parra había desaparecido por completo.

Carlos se secó, se puso el pijama, y fue a la cocina, donde se sentó a cenar.

"Mamá, I have finished my bath, and I even remembered to wash my ears," said Carlos.

"You are a good boy, and for you, I have cooked your favorite dish: *calabacitas,*" his mother said, and as she put the steaming plate down in front of him, she winked at Papá, who pretended not to notice.

—Mamá, ya terminé de bañarme, y hasta me acordé de lavarme las orejas. —dijo Carlos.

—¡Qué niño tan bueno!, y por ser tan bueno te hice tu platillo favorito: calabacitas. —le dijo su mamá, y al ponerle enfrente el plato vaporoso de calabacitas calientes, le guiñó al papá, y él fingió no darse cuenta.

CALABACITAS

The spicy dish of *calabacitas* differs from kitchen to kitchen, but usually includes the ingredients of yellow or zucchini squash, corn, cheese, onions, and green chiles.

2 tablespoons margarine
1 chopped onion
$\frac{1}{2}$ cup diced green chiles or chile strips
4 medium-sized zucchini or yellow squash, sliced
1 10-ounce box frozen corn
1 cup chopped tomato
1 $\frac{1}{2}$ cups grated Montery Jack or cheddar cheese
Salt to taste

Preheat oven to 350 degrees. Meanwhile, melt margarine in frying pan and sauté onion until tender. Cook corn; steam squash until just tender. Combine all ingredients except cheese and transfer to casserole dish. Cook for about 20 minutes, then add cheese and bake until cheese melts, about 10 minutes.

La manera de preparar el picoso guisado de calabacitas varía de cocina a cocina, pero casi siempre lleva los siguientes ingredientes: calabacitas, elote, queso, cebolla, y chile verde.

2 cucharaditas de aceite o margarina
1 cebolla picada
$\frac{1}{2}$ taza de chile verde en rajas o picado
4 calabacitas medianas rebanadas
1 taza de elote desgranado
1 taza de jitomate picado
1 $\frac{1}{2}$ taza de queso Monterey Jack o cheddar rayado
Sal al gusto

Se ponen a cocer las calabacitas en poca agua o baño maría. Mientras se hierve el elote y se aparta. Por separado se fríe la cebolla en aceite caliente. Una vez cocidos el elote y las calabacitas, se mezclan con todos los demás ingredientes, menos el queso, en la sartén con la cebolla y se vierte la mezcla en una cazuela. Se mete al horno caliente a una temperatura de 350 grados durante 20 minutos, entonces se agrega el queso y se regresa al horno hasta que se derrita, más o menos otros 10 minutos.

About the Author/*Sobre la autora*

JAN ROMERO STEVENS was born in Las Vegas, New Mexico, and lived in New Mexico and Arizona all her life. She was entranced by the history and culture of the Southwest and further explored her Hispanic heritage by studying Spanish with her children. In addition to writing children's books, Jan worked for newspapers and magazines for twenty years as an editor, reporter, and columnist. In 1998, she was the recipient of several awards, including the Arizona Library Association's prestigious Children's Author Award, and the Arizona Associated Press Managing Editor's First Place Award for her reporting on minority affairs. Sadly, Jan passed away in 2000. The Arizona Daily Sun and the Northern Arizona University School of Communication have established a journalism scholarship in her memory. Her legacy lives on in the much-loved *Carlos* bilingual picture book series.

JAN ROMERO STEVENS nació en Las Vegas, Nuevo México, y vivió toda su vida en Nuevo México y en Arizona. A ella le fascinaba la historia y la cultura del Suroeste. Al interesarse por aprender más sobre su herencia hispana, estudió español con sus hijos. Además de escribir libros para niños, Jan trabajó de editora, reportera y columnista en periódicos y revistas durante veinte años. En 1998 recibió varios premios, entre ellos el prestigioso Children's Author Award de la Asociación de Bibliotecas de Arizona, y el Managing Editor's First Place Award de la Asociación de la Prensa de Arizona, por sus trabajos sobre las minorías étnicas. Lamentablemente, Jan falleció en el 2000. El periódico Arizona Daily Sun y la Escuela de Comunicaciones de la Universidad de Northern Arizona han fundado en su memoria una beca para estudiar periodismo. Su legado continúa presente en su muy apreciada colección de libros bilingües sobre Carlos.

About the Illustrator/*Sobre la ilustradora*

JEANNE ARNOLD is a freelance illustrator and painter who lives with her husband in Salt Lake City, Utah, where she enjoys gardening, hiking, and skiing in the nearby mountains, and backpacking in the Southwest desert. As part of her recent graduate studies at Johnson State College in Vermont, Jeanne studied art for one summer at the International School of Art in Umbria, Italy. She previously illustrated *When You Were Just a Little Girl*, by B. G. Henessy (Viking), in addition to *Carlos and the Squash Plant, Carlos and the Cornfield*, and *Carlos and the Skunk*. She turned to Mexican painters such as Diego Rivera, Latin American folk artists, and Taos painters for inspiration in capturing the regional and Hispanic flavor of the *Carlos* books.

JEANNE ARNOLD es una ilustradora y pintora independiente que vive con su esposo en Salt Lake City, Utah, donde disfruta de la jardinería, las caminatas y el esquí en las montañas cercanas, además de hacer excursiones por el desierto del Suroeste. Como parte de sus estudios de postgrado en el Johnson State College en Vermont, Jeanne pasó un verano estudiando arte en la Escuela Internacional de Arte en Umbría, Italia. Anteriormente había ilustrado When You Were Just a Little Girl, *por B. G. Henessy (Viking), además de* Carlos y la planta de calabaza, Carlos y la milpa de maíz *y* Carlos y el zorrillo. *Para captar el sabor regional y latino de los libros de Carlos, se inspira en pintores mexicanos como Diego Rivera, en artistas populares latinoamericanos y en los pintores de Taos.*